MEU AVÔ DESENCARNOU

MEU AVÔ DESENCARNOU

Daniella e Fernanda Priolli Fonseca e Carvalho

Copyright © 2008 *by*
FEDERAÇÃO ESPÍRITA BRASILEIRA – FEB

1ª edição – Impressão pequenas tiragens – 6/2025

ISBN 978-85-7328-575-8

Todos os direitos reservados. Nenhuma parte desta publicação pode ser reproduzida, armazenada ou transmitida, total ou parcialmente, por quaisquer métodos ou processos, sem autorização do detentor do *copyright*.

FEDERAÇÃO ESPÍRITA BRASILEIRA – FEB
SGAN 603 – Conjunto F – Avenida L2 Norte
70830-106 – Brasília (DF) – Brasil
www.febeditora.com.br
editorial@febnet.org.br
+55 61 2101 6161

Pedidos de livros à FEB
Comercial
Tel.: (61) 2101 6161 – comercial@febnet.org.br

Adquirindo esta obra, você está colaborando com as ações de assistência e promoção social da FEB e com o Movimento Espírita na divulgação do Evangelho de Jesus à luz do Espiritismo.

Dados Internacionais de Catalogação na Publicação (CIP)
(Federação Espírita Brasileira – Biblioteca de Obras Raras)

C331m   Carvalho, Daniella Priolli Fonseca e, 1964–

         Meu avô desencarnou / Daniella e Fernanda Priolli Fonseca e Carvalho; [Ilustrações: Lourival Bandeira de Melo Neto]. – 1. ed. – Impressão pequenas tiragens – Brasília: FEB, 2025.

         24 p.; il. color.; 25 cm

         ISBN 978-85-7328-575-8

         1. Alma – Literatura infantojuvenil. 2. Imortalidade – Literatura infantojuvenil. 3. Literatura infantojuvenil espírita. I. Carvalho, Fernanda Priolli Fonseca e, 1998–. II. Melo Neto, Lourival Bandeira de, 1959–. III. Federação Espírita Brasileira. IV. Título.

CDD 028.5
CDU 087.5
CDE 81.00.00

Oi, meu nome é Fernanda e já fiz 9 anos.
Moro em São Paulo, estudo e tenho uma vida feliz.
Minha família é grande e eu sou a menor, cheguei por último.

Bem, não vamos falar de mim...
Quero contar para vocês uma história sobre o meu avô.
Ele morava no Rio de Janeiro, onde eu quase nasci. Digo quase, porque toda a minha família é de lá e eu ADORO o Rio!
Ele morava com a minha avó e eu os chamo por Vôve e Vóva.
Eles são muito legais!

Os meus avós, meus pais, irmãos e eu somos espíritas.
Nós acreditamos que SOMOS Espíritos, filhos de Deus, que encarnamos; isto é, recebemos um corpo físico ao nascermos.
Nós já existíamos antes de nascer e continuaremos vivos após a morte do corpo.
Sei também que renascemos várias vezes para aprendermos coisas novas e nos melhorarmos sempre. Isso se chama reencarnação e evolução.

A Terra é como se fosse um grande "colégio interno", e nós trocamos de "uniforme" (corpo físico, hehehe!) cada vez que temos que mudar de série ou turma.
Aprendemos, nessa escola, várias disciplinas: vida em família, trabalho em equipe, cooperação, amizade, desenvolvimento intelectual, educação dos sentimentos, cuidados planetários,... UFA! E por aí vai.

Deus, que criou todo o Universo e todos os Espíritos, é muito bom porque inventou uma maneira de chegarmos à escola do mundo nos sentindo amados e protegidos. Sabem qual é? É com a FAMÍLIA!!
Nossa família nos ajuda nas "lições" de aprendizado.
Convivendo, aprendemos a nos respeitar e amar.
Aprendemos a dividir e cooperar uns com os outros.
A FAMÍLIA É UM PRESENTE DE DEUS.

Aprendi isso tudo nas aulas de Evangelização Espírita Infantil que frequento, todo sábado de manhã, na Casa Espírita.
Gosto muito das aulas e dos colegas.
É tudo muito legal!

Mas não vamos fugir da história que eu quero contar... Meu Vôve (lembra? É sobre ele a história) estava com o corpo físico doentinho. Tinha muitos problemas de saúde, mas ele estava sempre alegre, procurando não se queixar e enfrentando os tratamentos médicos (que muitas vezes doíam bastante) com coragem e resignação. Resignação, minha mãe me explicou, é quando a gente aceita sem reclamar os testes e aprendizados dessa escola da vida. Ele ia e voltava para o hospital muitas vezes.

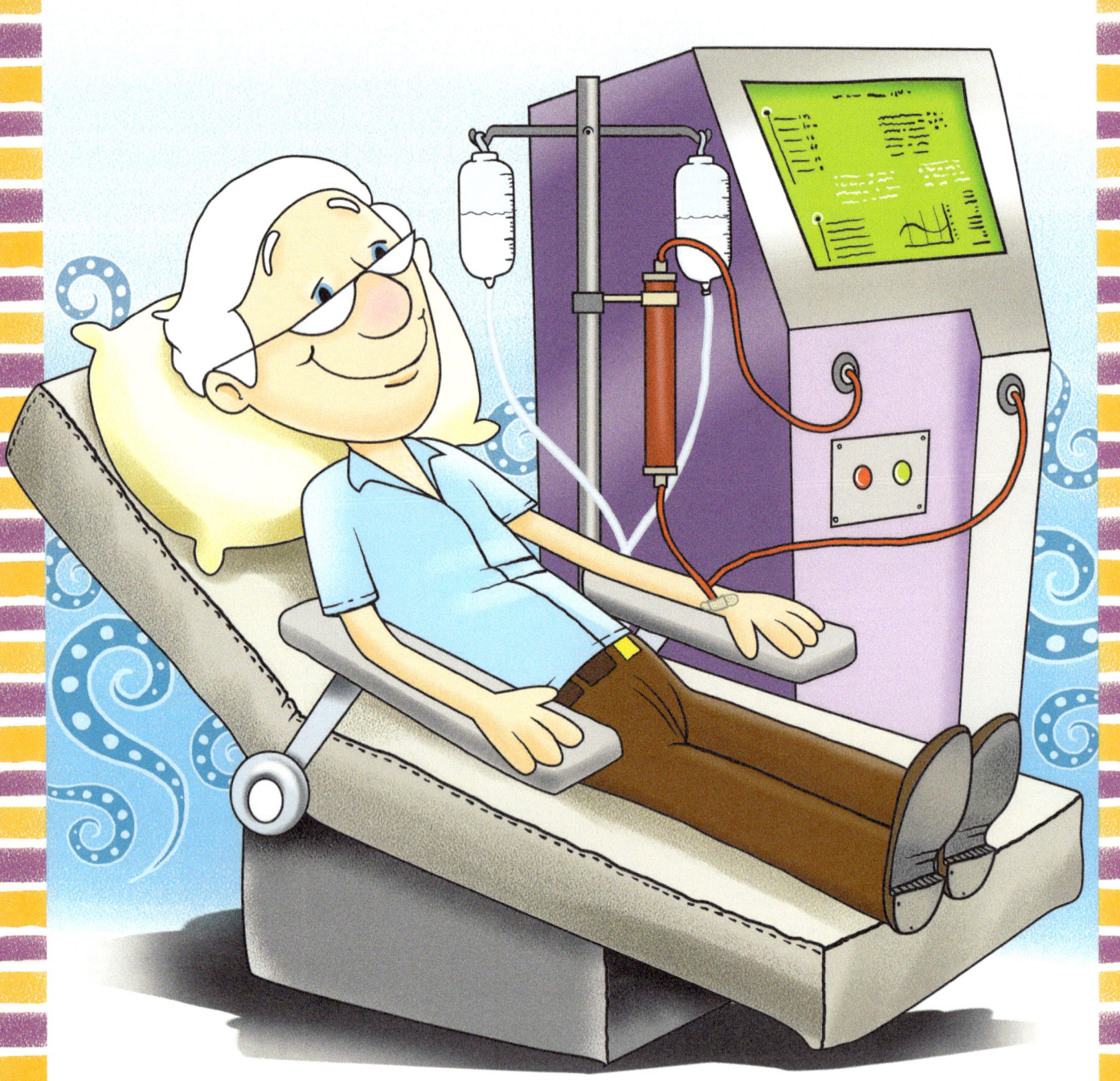

O Vôve tinha, entre outras muitas coisas, um problema nos rins. Eles não funcionavam direito; então uma máquina grande tinha que filtrar todo o seu sangue (do lado de fora do corpo) e devolver para ele, bem "limpinho". Mais ou menos como se fosse a água que temos que beber; ela só fica limpa depois de filtrada.

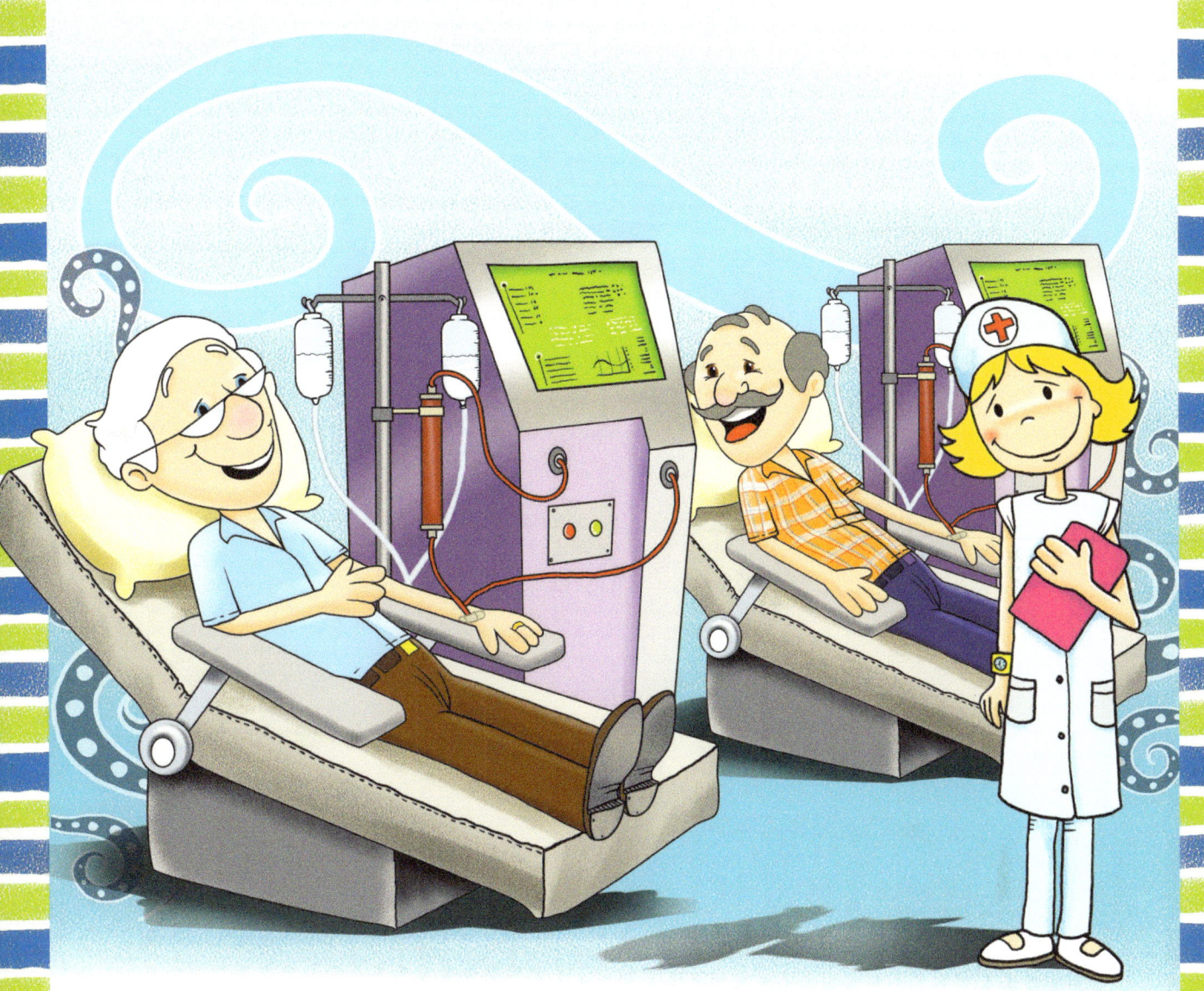

Mas ele nunca reclamava e ainda procurava ajudar as outras pessoas que estavam em situação parecida com a dele. Distribuía sorrisos, palavras de ânimo e bons exemplos até para os médicos e enfermeiras. Todos gostavam muito dele e admiravam o seu bom humor e coragem.

O Vôve sempre dizia que a doença é uma oportunidade de aprender e "apagar" faltas cometidas em outras existências. Como se fossem, eu acho, "provas de recuperação" da escola.

Um dia, porém, o corpo físico do Vôve já estava tão doente e "com defeito" que os médicos não conseguiram mais "remendá-lo" e mantê-lo funcionando.
Chegou, então, a hora de ele deixar a "escola" (a vida física) e voltar para sua casa no Mundo Espiritual. Minha mãe sempre diz que a nossa verdadeira "casa" é lá.

Na hora da separação (digo separação porque ele voltou para casa primeiro, antes de nós da família) ficamos um pouco tristes, com saudade... Porém, logo me lembrei de que nos encontraríamos mais tarde e que ele estaria bem melhor, sem aquele "uniforme" (o corpo físico, hehehe!) remendado e com problemas. Então, fiquei feliz novamente.

Sei que ele está muito bem no Mundo Espiritual. Isso é o resultado do comportamento dele na "Escola Terra". Essa foi a sua "bagagem" na volta para casa. Ele já está sadio de novo, sem dores e sem precisar de todos aqueles remédios e agulhadas.

Eu soube, por meio de mensagens do Plano Espiritual, que o Vôve já está até trabalhando e ajudando outras pessoas... Que legal, ele deve estar muito FELIZ!

Às vezes ele vem nos visitar... Sinto a sua presença (em Espírito, né?) junto de mim. Nessas horas, e em outras também, faço uma prece para Deus agradecendo tudo de bom que tenho na vida.

Tudo de bom que tenho na vida:
- Uma família que amo e que me ama.
- Ser espírita e saber que a vida continua do lado de lá.
- Saber que o Vôve continua igualzinho ao que era antes. (Pera aí, igualzinho não! melhor! Seu corpo espiritual – que se chama PERISPÍRITO – não está mais doente!!!)
- Poder senti-lo perto de mim... (isso se chama "sensibilidade mediúnica". Bonito nome, não?)
- Saber que o amor que nos une não acaba com a separação.
- Saber que a separação é apenas temporária, pois...

...o meu avô apenas voltou para casa antes de mim!

VAMOS COLORIR!

EDIÇÃO	IMPRESSÃO	ANO	TIRAGEM	FORMATO
1	1	2008	3.000	20,5x25,5
1	2	2009	2.000	20,5x25,5
1	3	2010	1.000	20,5x25,5
1	4	2010	1.000	20,5x25,5
1	5	2011	1.000	20,5x25,5
1	6	2013	1.000	20,5x25,5
1	7	2014	1.000	20,5x25,5
1	8	2017	650	20,5x25,5
1	9	2020	250	20,5x25,5
1	POD*	2021	POD	20,5x25,5
1	IPT**	2022	IPT	20x25
1	IPT	2023	100	20x25
1	IPT	2023	150	20x25
1	IPT	2023	100	20x25
1	IPT	2024	150	20x25
1	IPT	2025	100	20x25

*Impressão por demanda
**Impressão pequenas tiragens

O EVANGELHO NO LAR

Quando o ensinamento do Mestre vibra entre quatro paredes de um templo doméstico, os pequeninos sacrifícios tecem a felicidade comum.[1]

Quando entendemos a importância do estudo do Evangelho de Jesus, como diretriz ao aprimoramento moral, compreendemos que o primeiro local para esse estudo e vivência de seus ensinos é o próprio lar.

É no reduto doméstico, assim como fazia Jesus, no lar que o acolhia, a casa de Pedro, que as primeiras lições do Evangelho devem ser lidas, sentidas e vivenciadas.

O espírita compreende que sua missão no mundo principia no reduto doméstico, em sua casa, por meio do estudo do Evangelho de Jesus no Lar.

Então, como fazer?

Converse com todos que residem com você sobre a importância desse estudo, para que, em família, possam compreender melhor os ensinamentos cristãos, a partir de um momento de união fraterna, que se desenvolverá de maneira harmônica e respeitosa. Explique que as reflexões conjuntas acerca do Evangelho permitirão manter o ambiente da casa espiritualmente saneado, por meio de sentimentos e pensamentos elevados, favorecendo a presença e a influência de Mensageiros do Bem; explique, também, que esse momento facilitará, em sua residência, a recepção do amparo espiritual, já que auxilia na manutenção de elevado padrão vibratório no ambiente e em cada um que ali vive.

Convide sua família, quem mora com você, para participar. Se mora sozinho, defina para você esse momento precioso de estudo e reflexões. Lembre-se de que, espiritualmente, sempre estamos acompanhados.

Escolha, na semana, um dia e horário em que todos possam estar presentes.

O tempo médio para a realização do Evangelho no Lar costuma ser de trinta minutos.

---

[1] XAVIER, Francisco Cândido. *Luz no lar*. Por Espíritos diversos. 12. ed. 7. imp. Brasília: FEB, 2018. Cap. 1.

As crianças são bem-vindas e, se houver visitantes em casa, eles também podem ser convidados a participar. Se não forem espíritas, apenas explique a eles a finalidade e importância daquele momento.

O seguinte roteiro pode ser utilizado como sugestão:

1. Preparação: leitura de mensagem breve, sem comentários;
2. Início: prece simples e espontânea;
3. Leitura: *O evangelho segundo o espiritismo* (um ou dois itens, por estudo, desde o prefácio);
4. Comentários: breves, com a participação dos presentes, evidenciando o ensino moral aplicado às situações do dia a dia;
5. Vibrações: pela fraternidade, paz e pelo equilíbrio entre os povos; pelos governantes; pela vivência do Evangelho de Jesus em todos os lares; pelo próprio lar...
6. Pedidos: por amigos, parentes, pessoas que estão necessitando de ajuda...
7. Encerramento: prece simples, sincera, agradecendo a Deus, a Jesus, aos amigos espirituais.

As seguintes obras podem ser utilizadas nesse momento tão especial:

- *O evangelho segundo o espiritismo*, como obra básica;
- *Caminho, verdade e vida; Pão nosso; Vinha de luz; Fonte viva; Agenda cristã.*

Esse momento no lar não se trata de reunião mediúnica e, portanto, qualquer ideia advinda pela via da intuição deve permanecer como comentário geral, a ser dito de maneira simples, no momento oportuno.

No estudo do Evangelho de Jesus no Lar, a fé e a perseverança são diretrizes ao aprimoramento moral de todos os envolvidos.

Conselho Editorial:
Carlos Roberto Campetti
Cirne Ferreira de Araújo
Evandro Noleto Bezerra
Geraldo Campetti Sobrinho – Coord. Editorial
Jorge Godinho Barreto Nery – Presidente
Maria de Lourdes Pereira de Oliveira
Miriam Lúcia Herrera Masotti Dusi

Produção Editorial:
Elizabete de Jesus Moreira

Revisão:
Maria Flavia dos Reis

Capa, Projeto Gráfico e Ilustrações:
Lourival Bandeira

Normalização Técnica:
Biblioteca de Obras Raras e Documentos Patrimoniais do Livro

Esta edição foi impressa no sistema de Impressão pequenas tiragens, em formato fechado de 200x250 mm. Os papéis utilizados foram o Couche fosco 90 g/m² para o miolo e o Cartão 250 g/m² para a capa. O texto principal foi composto em fonte Ultima 16/21. *Presita en Brazilo.*